¡Ayúdenme, siento

preocupación!

JOYCE MEYER

CASA
CREACIÓN

La mayoría de los productos de Casa Creación están disponibles a un precio con descuento en cantidades de mayoreo para promociones de ventas, ofertas especiales, levantar fondos y atender necesidades educativas. Para más información, escriba a Casa Creación, 600 Rinehart Road, Lake Mary, Florida, 32746; o llame al teléfono (407) 333-7117 en Estados Unidos.

¡Ayúdenme, siento preocupación! por Joyce Meyer
Publicado por Casa Creación
Una compañía de Charisma Media
600 Rinehart Road, Lake Mary, Florida 32746
www.casacreacion.com

Director de diseño: Bill Johnson

Originally published as *Help Me, I'm Worried!*; Copyright © 1998 by Joyce Meyer
This edition published by arrangement with FaithWords, New York, New York, USA. All rights reserved.

Visite la página web de la autora: www.joycemeyer.org

Library of Congress Control Number: 2011929676
ISBN: 978-1-61638-532-3

16 17 18 19 20 * 10 9 8 7 6 5
Impreso en los Estados Unidos de América

Contenido

∞

Introducción

Dios quiere hacer un intercambio contigo. Él quiere que tú le des todas tus cargas, tus problemas, tus fracasos—tus "cenizas"—y Él te dará belleza. Él tomará tus cargas, y por ellas, Él cuidará de tí.

> Humillaos, pues, bajo la poderosa mano de Dios, para que él os exalte cuando fuere tiempo; echando toda vuestra ansiedad sobre él, porque él tiene cuidado de vosotros.
>
> *1 Pedro 5:6, 7*

> El Espíritu de Jehová el Señor está sobre mí, porque me ungió Jehová;... a ordenar que a los afligidos de Sión se les dé gloria

en lugar de ceniza, óleo de gozo en lugar
de luto…

Isaías 61:1, 3

Dios quiere tomar cuidado de nosotros, pero
para permitirle esto, nosotros debemos de cesar
de tomar el cuidado por nosotros mismos.

Muchas personas quieren que Dios cuide de
ellos mientras están preocupados o tratando de
buscar una respuesta en vez de esperar la dirección de Dios. En verdad están revolteándose en
sus "cenizas," pero todavía quieren que Dios les
dé belleza. Para que Dios nos de belleza, tenemos
que entregarle a Él nuestras "cenizas".

Le damos a Él nuestro cuidado en confiar que
Él puede y que cuidará de nosotros. Hebreos 4:3
dice: "Pero los que hemos creído (adherido a y
confiado en y descansado en Dios) entramos en
el reposo…".

Entramos en el descanso del Señor a través de
creer. La preocupación es lo opuesto a la fe. La
preocupación nos roba nuestra paz, físicamente
nos desgasta y hasta nos puede enfermar. Si
estamos en preocupación, no estamos confiando
en Dios, y no estamos entrando en el descanso
del Señor.

¡Qué gran intercambio! Le das a Dios cenizas

y Él te da belleza. Tú le das a Él todas tus spreocupaciones y lo que te concierne y Él te da protección, estabilidad, un lugar de refugio y llenura de gozo, el privilegio de ser cuidado por Él.

Nota de los editores: En las referencias bíblicas aparecen notas entre paréntesis y corchetes. Estas son notas y explicaciones de la autora y no son referencias bíblicas.

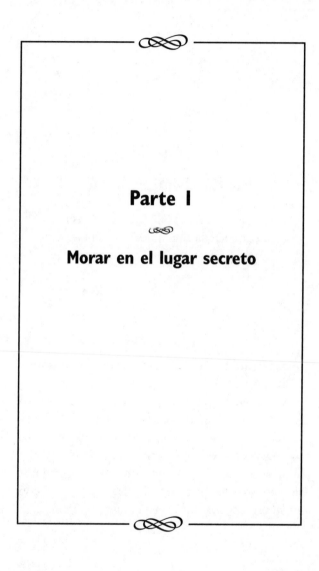

Parte I

Morar en el lugar secreto

I

∞

Habitar bajo protección

El que habita al abrigo del Altísimo
morará bajo la sombra del Omnipotente.
[Cuyo poder ningún enemigo puede
resistir.]

Salmo 91:1

Dios tiene un lugar secreto donde nosotros
podemos morar en paz y seguridad.

Este lugar secreto es el lugar de descanso
en Dios, un lugar de paz y consuelo. Este lugar
secreto es un "lugar espiritual" donde la preocupación se desaparece y reina la paz. Es el lugar de
la presencia de Dios. Cuando nosotros utilizamos
tiempo orando, en búsqueda de Dios y morando
en su presencia, estamos en el lugar secreto.

La palabra habitar significa "hacer nuestra morada; morar; vivir". Cuando usted y yo *habitamos en Cristo* o *habitamos en el lugar secreto*, no visitamos ocasionalmente, sino que tomamos residencia permanente allí.

En el Nuevo Testamento, una de las palabras griegas traducida *habitar* es la misma palabra *morar* en Juan 15:7 cuando Jesús dice: "Si permanecéis en mí, y mis palabras permanecen en vosotros, pedid todo lo que queréis, y os será hecho".

Si usted y yo habitamos en Dios, es la misma cosa que morar con Dios. Juan 15:7 dice:

> "Si vives en mí [moras vitalmente unido a mí] y mis palabras moran en vosotros y continúan en tus corazones, pedid todo lo que queréis, y os será hecho".

En otras palabras, necesitamos estar firmemente plantados en Dios. Necesitamos conocer el origen de nuestra ayuda en cada situación y cada circunstancia. Necesitamos tener nuestro lugar secreto de paz y seguridad. Necesitamos depender de Dios y confiar en Él completamente.

En el lugar secreto

> El que habita al abrigo del Altísimo
> morará…
>
> *Salmo 91:1*

El salmista dice que el que habita en el *lugar secreto* estará sereno y seguro.

El lugar secreto es un escondite, un lugar privado, o un lugar de refugio. Es el lugar donde corremos cuando estamos adoloridos, agobiados o a punto de desmayar. Es el lugar a donde corremos cuando estamos siendo maltratados o perseguidos, cuando estamos en gran necesidad o cuando creemos que ya no podemos más.

Recuerdo que cuando era niña vivíamos en una casa grande, espaciosa. (Mi madre limpiaba esa casa, y así era cómo obteníamos nuestro alquiler.) Era un edificio grande, recargado con muchas esculturas de madera, y muchos pequeños lugares secretos. Un día encontré uno de esos pequeños lugares secretos. Era un pequeño banco esculpido por debajo de la escalera al lado de una vidriera de colores.

Aún ahora, todavía me veo sentada sobre el banco reflexionando. No sé qué reflexionaba como una niña pequeña, pero sí sé que tenía unos cuantos dolores y problemas.

La vida de mi casa fue marcada por muchas situaciones domésticas de disgustos y perturbaciones. Ese lugar, el pequeño banco esculpido, se convirtió en mi lugar secreto. Era allí donde yo iba cuando sentía miedo o necesitaba consuelo.

Este versículo nos dice que Dios quiere ser nuestro escondite.

Algunas personas en el mundo utilizan el alcohol como su escondite. Otros usan las drogas y otros la televisión. Algunos se deprimen y se arropan la cabeza con la corcha. Hay muchas personas en el mundo que están escondiéndose de muchas cosas.

En vez de mirar al mundo para escondernos, Dios quiere que encontremos nuestro escondite en Él. Esto es lo que Él quiso decir con la frase "El que habita al abrigo del Altísimo". Cuando tenemos problemas, cuando estamos en peligro, Dios quiere que tomemos nuestro refugio bajo la sombra protectora de sus alas. ¡Él quiere que corramos a Él!

Bajo la sombra del Omnipotente

> ...bajo la sombra del Omnipotente.
> [Cuyo poder ningún enemigo puede
> resistir.]
>
> *Salmo 91:1*

Si estamos en el lugar secreto del Altísimo, ¿dónde estamos localizados? De acuerdo al salmista, estamos habitando "debajo de la sombra del Omnipotente". Este es el lugar donde Dios quiere que su pueblo viva.

Nuestro Padre celestial no quiere que nosotros lo visitemos de vez en cuando o que corramos hacia Él cuándo estamos agobiados, Él quiere que habitemos debajo de la sombra de sus alas, que habitemos allí, que vivamos allí. Cuando hacemos esto, nos mantenemos estables y firmes porque ningún enemigo puede resistir el poder del Todopoderoso. Si nos mantenemos en ese lugar, el enemigo no nos puede hacer ningún daño.

Había un tiempo en mi vida cuando entraba y salía corriendo del lugar secreto, pero he descubierto recientemente que cuando entro y me quedo, cuando habito allí, no me siento tan agobiada.

Necesitamos al Señor todo el tiempo, no tan

solo ocasionalmente. En Juan 15:5 Jesús dice: "...porque sin mí [cortados de la unión vital conmigo] nada podéis hacer".

¿Qué precisamente significa estar bajo la sombra del Omnipotente? En primer lugar, la *sombra* implica "sombra", el lugar de protección del sol caliente o del calor del mundo. Una sombra, como nosotros la conocemos, tiene un borde. Si intentamos mantenernos bajo la sombra de las alas de Dios, hay bordes definidos en los cuales nos tenemos que mantener.

Un *borde* es un área intermediaria o límite entre dos cualidades o condiciones. En el caso de una sombra, el borde es donde termina la sombra y comienza la luz del sol.

Suponga que es el mediodía, el sol está en todo su apogeo y vemos un árbol grande. Si nos paramos debajo de ese árbol, estaremos más cómodos en la sombra que si continuamos debajo del sol.

Cuando las personas trabajan afuera, debajo del sol y comienzan a sudar, les gusta buscar un árbol de sombra para colocarse bajo él cuando es hora de descansar. Algunas personas siembran árboles de sombra alrededor de sus casas porque reduce la temperatura interior de la casa y lo hace más fresco. Así que la sombra es un lugar deseado, especialmente en un día caluroso.

Si decidimos quedarnos en la sombra, bajo la sombra de las alas de Dios, nuestra vida será más agradable. No será tan caliente y no vamos a estar "todos sudados" como se dice por ahí. En vez de preocuparnos de nuestros problemas, estaremos descansando en Dios.

Si decidimos estar parados en el sol, estaremos incómodos, sudados, miserables, sedientos y secos. Nosotros tenemos que decidir dónde vamos a estar parados—en la sombra (confiando en Dios) o en el sol (sudando)—en Jesús, o en el mundo con todos sus problemas.

¿Dónde decidirá usted estar parado? Yo quiero estar en la sombra. Pero como tenemos tendencia todos de tiempo en tiempo, yo me extravié de la sombra y terminé de nuevo en el calor donde las condiciones no estaban muy buenas. Entonces cuando ya estaba lista a fallecer, corrí de nuevo a la sombra para reposar otra vez. Pero eventualmente, yo de nuevo me aventuro hacia el calor otra vez.

Romanos 1:17 dice que podemos vivir de fe en fe. Pero, a veces vivimos de fe, hacia la duda, hacia la incredulidad y luego a la fe.

¿Y qué si verdaderamente queremos quedarnos

dentro de la protección de la sombra, pero a veces nos encontramos fuera de ella? ¿Cuándo vamos a saber si estamos fuera de la protección de Dios? Sabremos con los señales de tránsito que el Señor ha puesto en nuestro camino.

2

❦

Lea las señales de tránsito:
confíe en Dios

Imagínese manejando en el camino. Este camino es el camino de la vida. En el medio del camino hay líneas. A veces hay líneas amarillas dobles que advierten: "Si cruzas estas líneas, tendrás problemas; corres un alto riesgo de tener un accidente".

A veces hay líneas blancas interrumpidas que significan: "Puedes cruzar a la otra vía y pasar al auto del frente si quieres. Si cruzas estas líneas probablemente estarás bien, pero puedes encontrarte con problemas si no miras el carril opuesto para asegurarte que puedes cruzar".

También hay señales de tránsito al lado de la carretera que nos proveen direcciones o advertencias específicas: "Pare", "Ceda el paso", "Animales cruzando", "Solo", "Desvío", "Bajo construcción", "Curva adelante". Si tú haces caso a las instrucciones de estas señales de tránsito, ellas te ayudarán a mantener tu auto en la carretera. Evitarás irte muy hacia la izquierda y estar envuelto en un accidente o muy hacia la derecha y derrumbarte por la cuneta.

De la misma manera, en la vida hay señales de tránsito espirituales también. Para mantenerse bajo la protección de Dios, necesitamos hacer caso a estas señales de tránsito que nos dicen que confiemos en Él y no nos preocupemos, no nos pongamos ansiosos o en temor, sino que echemos nuestro cuidado sobre Él. Entonces en vez de excesivamente tratar de racionalizar una solución, debemos de tornar nuestros pensamientos a cosas que son "verdaderas", "honestas", "justas", "puras", "amables", "de buen nombre", "de alguna virtud" o dignas de "alabar" (lea Filipenses 4:8).

Si hacemos caso a estas señales de tránsito y nos mantenemos entre el borde de la vía, nos mantendremos en el camino. Estaremos protegidos y experimentaremos durante el transcurso de nuestra vida el cumplimiento de toda las maravillosas y estupendas promesas de la Palabra de Dios.

¡Hágale caso a las señales de tránsito!

> Entonces tus oídos oirán a tus espaldas
> palabra que diga: Este es el camino,
> andad por él; y no echéis a la mano
> derecha, ni tampoco torzáis a la mano
> izquierda.
>
> *Isaías 30:21*

Suponga que usted está manejando en el camino de la vida y comienza a desviarse hacia la derecha. Se da cuenta que el camino se ha puesto más fuerte y comienza a prestar más atención a la carretera. Entonces, se acuerda de una señal de tránsito que usted pasó hace unas millas que decía, "Confía en Dios y no te preocupes".

Si decide continuar en su curso, seguirá acercandose al lado de la carretera y puede terminar en la cuneta. Entonces tendrá que llamar a una grúa para ayudarle a salir de la cuneta.

Así es cuando decidimos preocuparnos en vez de confiar en Dios. Nos salimos de su protección y el enemigo puede acercarse a nosotros más fácilmente. Cuando esto sucede inevitablemente perdemos nuestra paz.

Pasos derechos

> ...Y haced sendas derechas para vuestros pies, para que lo cojo no se salga del camino, sino que sea sanado....
>
> *Hebreos 12:13*

Cuando haga una decisión equivocada, cuando decida preocuparse en vez de confiar en Dios, comenzará a estar inquieto y a perder su paz. Hasta comenzará a sentir que las cosas no están encaminándose correctamente y que se le ha perdido el camino.

Tan pronto pierda su paz, necesita detenerse y decir: "Espérate un minuto. ¿Qué estoy haciendo mal?".

A veces, mientras transito por el camino de la vida siento dentro de mí que no estoy en paz. Cuando esto sucede, me detengo y me pregunto: "¿Señor dónde me equivoqué?". Yo sé que cuando pierdo mi paz, es una indicación que he viajado fuera de la protección de la sombra de sus alas.

Por lo general es porque he comenzado a preocuparme. A veces es porque he hecho algo mal y no me he arrepentido o porque he maltratado a alguna persona y no he sido sensitiva a mi error.

En esa situación simplemente le pregunto a Él: "Señor, enséñame porqué he perdido mi paz". Cuando sé porqué, entonces puedo tomar los pasos para colocar las cosas en orden.

Si usted se siente atacado mientras está haciendo lo que el Señor le ha dicho que haga, le recomiendo que lea en voz alta las palabras de Jesús en Mateo 6:25–28.

Deje la preocupación

> Por tanto os digo: No os afanéis (preocupado, angustiado) por vuestra vida, qué habéis de comer o qué habéis de beber; ni por vuestro cuerpo, qué habéis de vestir. ¿No es la vida más (en calidad) que el alimento, y el cuerpo (más allá y más excelente) más que el vestido?
>
> *Mateo 6:25*

¡Si estás a dieta, tal vez debes comenzar con leer la primera porción de este versículo, la parte de comer y beber! ¡Si tú eres como yo, cuando estoy a dieta, en lo único que puedo pensar es en la comida!

Me acuerdo cuando yo estaba a dieta. Estaba pensando todo el día cuándo y qué iba a comer y cómo iba a cocinar. Estaba calculando mentalmente cuántas calorías estaban en lo que quería comer. ¡Muchas veces me daba más hambre pues todo lo que estaba pensando era en comida!

En realidad, nos preocupamos menos de lo que vamos a comer y a beber que en lo que vamos a hacer en una situación particular: "¿Qué si sucede esto o lo otro?". Muchos de nosotros tenemos suficiente ropa, comida adecuada, casas cómodas y autos útiles. Pero cuando las cosas se tornan difíciles y nos confrontamos con situaciones que parecen ser imposibles, tenemos voces en nuestras mentes que gritan, "¿Qué vas a hacer ahora?". Y comenzamos a preocuparnos.

Mire las aves

> Mirad las aves del cielo, que no siembran, ni siegan, ni recogen en graneros; y vuestro Padre celestial las alimenta. ¿No valéis vosotros mucho más que ellas?
> *Mateo 6:26*

¿Cuántas veces has visto un ave sentada en un árbol teniendo una crisis nerviosa? ¿Has visto un ave dando pasos nerviosos y hablándose a sí mismo diciendo: "¿Oh, me pregunto de dónde

vendrá mi siguiente gusano? ¡Necesito gusanos!
¿Y si Dios deja de hacer gusanos hoy? No sé
que voy a hacer. ¡Tal vez me muero de hambre!
¿Y si Dios continúa haciendo gusanos, pero no
son jugosos este año, y si no envía lluvia, y los
gusanos no salen de la tierra? ¿Y si no encuentro
paja para hacer mi nido?". ¡Y qué sí esto…, y qué
sí lo otro…!

Jesús dijo: "¡Mirad las aves!". Ellas no tienen
crisis nerviosas. Cada mañana ellas están volando,
cantando y pasándola bien.

¡Me pregunto cuánta paz pudiéramos gozar
nosotros si sacamos una hora o más para ir y velar
las aves!

¿Qué logra la preocupación?

> ¿Y quién de vosotros podrá, por mucho
> que se afane (o preocuparse), añadir a su
> estatura un codo?
>
> *Mateo 6:27*

Por supuesto, la contestación es nadie. ¡Pero
sí, podemos acortar nuestra duración de vida si
insistimos en continuar haciendo la preocupación
un hábito!

En vez de preocuparnos, tenemos que ser más

como las aves de los aires que dependen totalmente del Señor para que les dé comida y cantan todo el día como si no tuvieran una preocupación en el mundo.

Considere los lirios

> Y por el vestido, ¿por qué os afanéis? Considerad los lirios del campo, cómo crecen; no trabajan ni hilan; pero os digo, que ni aun Salomón con toda su gloria (excelencia, dignidad, y gracia) se vistió así como uno de ellos. Y si la hierba del campo que hoy es, y mañana sé hecha en el horno, Dios la viste así, ¿no hará mucho más a vosotros, hombres de poca fe?
>
> *Mateo 6:28–30*

Lo que Jesús decía era que los lirios del campo no se "entorpecían" en las obras de la carne. No trabajan en ser lirios, simplemente lo eran. Y Dios los vestía muy bien.

¿Realmente creemos que somos menos importantes para Dios que las aves y las flores?

No sea ansioso

> No os afanéis, pues, diciendo: ¿Qué comeremos, o qué beberemos, o qué vestiremos? Porque los gentiles buscan todas estas cosas; pero vuestro Padre celestial sabe que tenéis necesidad de todas estas cosas.
>
> *Mateo 6:31, 32*

El problema con la preocupación es que nos causa que comencemos a decir cosas como: *"¿Qué vamos a comer? ¿Qué vamos a beber? ¿Qué vamos a vestir?"*, en otras palabras, *"¿Qué vamos a hacer si Dios no interviene por nosotros?"*.

Comenzamos a preocuparnos y a escandalizarnos con las palabras de nuestra boca. En vez de calmar nuestros temores y remover nuestras preocupaciones eso ocasiona que nuestras preocupaciones cobren mayor arraigo.

El problema de reaccionar de esta manera es que esta es la forma de actual de aquellas personas que no tienen un Padre celestial. Pero usted y yo sí sabemos que tenemos un Padre celestial, así que debemos actuar de esa manera. Los que no son creyentes tal vez no saben confiar en Él, pero nosotros si debemos.

Jesús nos asegura que nuestro Padre celestial conoce todas las cosas que necesitamos antes de nosotros pedirlas. ¿Entonces por qué preocuparnos por ellas? Al contrario, debemos de concentrar nuestra atención en las cosas que son más importantes, las cosas de Dios.

Buscad las cosas primeras

> Mas buscad (tomar puntería y procurar hacer) primeramente el reino de Dios y su justicia (Su manera de hacer y de ser justo), y todas estas cosas os serán añadidas.
>
> *Mateo 6:33*

Por muchos años yo solía sentirme ansiosa antes de ir a ministrar. Yo oraba: "¡Oh Dios ayúdame!". No hay nada malo con orar por la ayuda de Dios, pero estaba orando a través de mi ansiedad y no por fe.

Ahora mientras me preparo para ministrar, simplemente estudio y me preparo lo mejor que puedo. Entonces poco antes de que comience la reunión tomo tiempo en oración silenciosa y en meditación, adorando al Señor y teniendo intimidad con Él.

Ni una vez Él me ha dicho que busque una reunión grande. Ni una vez Él me ha dicho que busque una ofrenda grande. Todo lo que hago es buscarle a Él, y Él se encarga del tamaño de la multitud, la cantidad de la ofrenda, y todo lo demás.

Muy a menudo gastamos nuestro tiempo buscando a Dios para respuestas a nuestros problemas cuando lo que tenemos que estar haciendo es simplemente buscando a Dios.

Mientras estamos buscando a Dios, estamos en su lugar secreto, debajo de la sombra de sus alas. (...debajo de sus alas estarás seguro..." Salmo 91:4.) Pero cuando comenzamos a buscar repuestas a todos los problemas y situaciones que nos hacen frente, tratando de satisfacer nuestros deseos en vez de hacer la voluntad de Dios, nos apartamos de la sombra de sus alas.

Por muchos años yo buscaba a Dios para ver cómo podría hacer crecer mi ministerio. El resultado fue que se quedó en la misma manera en que estaba. Nunca creció. Algunas veces iba hacia atrás. Lo que yo no entendía era que todo lo que yo necesitaba hacer era buscar el Reino de Dios y Él añadiría el crecimiento.

¿Se da cuenta que ni siquiera tiene que preocuparse acerca de su crecimiento espiritual? Todo lo que tiene que hacer es buscar el Reino de Dios y usted crecerá. Busque a Dios, habite en Él y Él causará crecimiento y añadidura.

Un niño solamente toma leche y crece. Todo lo que usted y yo tenemos que hacer es desear la leche sincera de la Palabra y creceremos (1 Pedro 2:2).

Nunca vamos a experimentar ningún grado real de éxito a través de nuestra propia fuerza humana. Sin embargo, debemos buscar primeramente el Reino de Dios y su justicia, entonces todas la demás cosas nos serán añadidas.

No debemos de procurar los regalos de Dios sino su presencia.

Pase tiempo en la sombra

> Una cosa he demandado á Jehová, ésta buscaré; que esté yo en la casa de Jehová [en su presencia] todos los días de mi vida, para contemplar la hermosura [el atractivo dulce y la encantadora belleza] de Jehová, y para inquirir en su templo. Porque él me esconderá en su tabernáculo en el día del mal; me ocultará en lo reservado de su morada; sobre una roca me pondrá en alto. Luego levantará mi cabeza sobre mis enemigos que me rodean, y yo sacrificaré en su tabernáculo

sacrificios de júbilo: Cantaré y entonaré
alabanzas a Jehová.

Salmo 27:4–6

A veces vivimos retrocediendo. Esto es exactamente lo que yo estaba haciendo hace unos años atrás. Estaba buscando un ministerio grande. Estaba buscando todo tipo de cambios en mi vida porque no me aceptaba a mí misma. Estaba procurando que mi esposo cambiara. Estaba procurando que mis hijos cambiaran. Estaba buscando sanidad y prosperidad. Estaba buscando todo bajo el sol, pero no estaba pasando tiempo en la sombra.

Entonces el Señor intervino y me enseñó lo que estaba mal. Él utilizó el Salmo 27:4–6 para enfatizarme que primero tengo que buscarle a Él y su presencia todos los días de mi vida.

Durante ese tiempo yo le estaba pidiendo muchas cosas, nada de las cuales tenían que ver con su presencia. Pero al comenzar a buscarle, eso era lo que comencé a desear más. Entonces cuando vinieron los problemas, Él me escondió en el lugar secreto de su morada. Cuando el enemigo vino en contra de mí para destruirme, levanté gritos de alegría y canté al Señor.

El enemigo no pudo acercarse a mí porque estaba en el lugar secreto del Altísimo. Yo estaba inaccesible. Satanás no pudo ocasionar que yo tuviera un colapso nervioso porque estaba bajo la sombra donde no estaba ansiosa por nada.

No estéis ansioso por nada

> Por nada estéis afanosos; sino sean conocidas vuestras peticiones delante de Dios en toda oración y ruego, con acción de gracias. Y la paz de Dios, que sobrepasa todo entendimiento, guardará vuestros corazones y vuestros pensamientos en Cristo Jesús.
>
> *Filipenses 4:6–7*

Mucho tiempo atrás, Dios me dijo que al venir a Él en oración le entregara todo lo que el enemigo había tratado de darme.

Eso es lo que es la oración. El enemigo viene a nosotros, nos entrega un problema, y nosotros decimos: "No puedo cargar esto porque es muy pesado para mí. Aquí está, Dios, te lo entrego a ti".

La esencia de lo que el apóstol Pablo nos dice en Filipenses 4:6–7 es: "ora y *no* te preocupes". El no dijo: "ora y preocúpate". Cuando oramos y le damos nuestros problemas a Dios, eso es una señal al Señor de que estamos confiando en Él. Eso es lo que debe ser la oración.

Yo tenía que aplicar esto muy a menudo cuando mi hijo estaba adolescente. Me afligía el corazón tener que dejarlo cuando salíamos en un viaje ministerial. Antes de graduarse, me había que había tenido unas luchas en la escuela y que nosotros le hacíamos falta cuando nosotros nos íbamos de viaje, especialmente cuando se levantaba de madrugada y se retiraba en la noche.

Al pasar los años David y yo, hemos desarrollado una buena relación con nuestro hijo. Él nos ama y nosotros le amamos. (¡Nuestro último hijo tenía diez años cuando el Señor nos habló de tener a Daniel, así que él es nuestro bebé!) Nos preocupábamos por él al enfrentarse a la escuela superior y las presiones e influencias que sabíamos que él encontraría allí.

Todos nosotros nos confrontamos con cambios diarios que tienen que ser resueltos. Cayendo en la trampa de sentirnos avergonzados, andando cabizbajo porque todo en la vida no está trabajando a perfección y no nos llevará a ningún lugar.

¡Tenemos que cambiar nuestro énfasis y hacer lo que dice la Biblia: orar!

Cada vez que comienzo a preocuparme por Daniel mientras estamos de viaje, oro:

Padre, te doy gracias porque estás cuidando de Daniel. Gracias, Señor, que tú tienes un buen plan para su vida y que tú estás velando sobre él y obrando todo a su favor. Gracias que él está cubierto con la sangre de tu Hijo Jesús.

Cuando usted y yo comenzamos a orar de esta manera, el enemigo nos dejará quietos. Él estará al tanto de que nada nos sacuda y de que confiemos en Dios.

Manténgase en lo positivo

Pero pida con fe, no dudando (sin vacilación sin indecisión) nada: porque el que duda (vacila, indeciso) es semejante a la onda del mar, que es arrastrada por el viento, y echada de una parte a otra. No piense, pues, quien tal haga que recibirá cosa [de lo que pide] alguna del Señor.

Santiago 1:6, 7

Si llevamos nuestras inquietudes al Señor en oración y entonces seguimos preocupándonos por ellas, estamos combinando una fuerza negativa y positiva. La oración es una fuerza positiva y la preocupación es una fuerza negativa. Si sumamos los dos, llegamos a cero. Yo no sé de usted, pero yo no quiero tener cero poder, así que trato de no mezclar la preocupación y la oración.

Dios me habló en cierta ocasión y me dijo, "Muchas personas operan en cero poder porque siempre están mezclando lo positivo con lo negativo. Tienen una confesión positiva por un corto tiempo, entonces una confesión negativa por otro tiempo. Oran por un tiempo y luego se preocupan por otro término de tiempo. Confían por un tiempo y luego dudan por un tiempo. Como resultado se encuentran vacilando de allá para acá, realmente nunca progresando."

¿Porqué no hacer una decisión de mantenernos confiando en Dios y de rechazar la preocupación?

3

∞

Todo saldrá bien

La segunda señal de tránsito trata con la ansiedad. Nos dice: "No temas ni estés ansiosos". Esta señal tiene un aviso que es similar al primero: "Confía en Dios y no te preocupes", pero las consecuencias de no obedecer son un poco más drásticas. En vez de caer en una cuneta, como lo harías si te giras a la izquierda, corres el peligro de tener un accidente.

La ansiedad, distinta a la preocupación, es una sensación de inquietud que perdura aún cuando creemos que ya hemos resuelto la situación. Es como una doble porción de preocupación. Al ir en esta dirección dejamos de dar pasos de fe y comenzamos a dar pasos de temor, especialmente el temor del mañana y el temor de lo desconocido. El resultado es la ansiedad.

Señales de ansiedad

> La congoja en el corazón del hombre lo abate....
>
> *Proverbios 12:25*

La ansiedad trae pesadez a la vida de una persona. El diccionario nos dice que la *ansiedad* es "el estado de estar inquieto, aprehensivo, o preocupado...". A veces esta inquietud es indefinida, a veces no podemos ponerle el dedo. Tal vez ni conocemos lo que es verdaderamente. Lo que sabemos es que estamos inquietos alrededor de otras personas.

De acuerdo al diccionario, *aprehensión* es "una sensación ansiosa de presentimiento; idea infundada". En otras palabras, la aprensión es un caso fuerte de ansiedad.

Recuerdo un ataque fuerte de ansiedad que tuve. Había atravesado tantas cosas malas en mi vida que llegué al punto que esperaba que cosas malas me sucedieran. Pero no entendía lo que me estaba sucediendo hasta que el Señor me lo reveló en las Escrituras.

Presentimientos malignos

> Todos los días del afligido son difíciles
> [por pensamientos ansiosos y presenti-
> mientos]: mas el de corazón contento
> tiene un banquete continuo [a pesar de
> las circunstancias].
>
> *Proverbios 15:15*

Una mañana, muchos años atrás, me estaba arreglando el pelo frente al espejo. No entendía lo que me estaba sucediendo en ese momento porque recientemente había sido llena del Espíritu Santo y estaba estudiando la Biblia. Lo único que sé es que sentía una sensación de amenaza.

Así que decidí preguntarle al Señor: "¿Qué es esto que cuelga alrededor de mí todo el tiempo? Ha estado conmigo desde que puedo hacer memoria". El Señor me dijo que eran "presentimientos malignos".

No habiendo nunca escuchado este término, pensé para mí misma: "¿Qué es un "presentimiento?". Así que fui y busqué información en el diccionario. Descubrí que *presentimiento* es "un sentido de desgracia inminente o malvado".

Aprendí que un presentimiento no tiene nada que ver con lo que está sucediendo al momento; es un sentimiento negativo sobre el resultado de un evento en el futuro.

En ese tiempo, yo no sabía que la palabra estaba en la Biblia. Pero después encontré que Proverbios 15:15 habla de "pensamientos ansiosos" y "presentimientos malvados".

Dios quiere que nos deshagamos de presentimientos malvados para poder disfrutar la vida. Es más fácil decirlo que hacerlo porque Satanás, nuestro adversario, nos quiere llevar a creer que nada nos va a salir bien. Él quiere que nosotros pensemos que siempre vamos a ser mal entendidos y nunca apreciados, que nunca nadie querrá estar con nosotros, que nadie nos amará. Él quiere que nosotros seamos humillados por nuestro pasado, impotentes al presente y sin esperanza para el futuro. Él quiere que carguemos preocupación y ansiedad sobre nosotros para que seamos apartados de nuestra relación con Dios y distraídos de llevar a cabo el trabajo que Él ha puesto delante de nosotros.

Cada significado de la palabra *ansiedad*— "ocuparse en, exhibiendo, o produciendo preocupación"—confirma el hecho.

¡Si está redimido, dígalo!

Díganlo los redimidos de Jehová, los que
ha redimido del poder del enemigo.
Salmo 107:2

Cuando entiende que el enemigo está tratando
de distraerlo, no descanse y permita los golpes de
preocupación y pensamientos negativos. Abra su
boca y diga algo que él no quiere escuchar, y él
saldrá. Confiese su autoridad en Cristo.

A veces cuando me estoy preparando para
ministrar en una iglesia o congreso, pensamientos
negativos comienzan a bombardearme. Unos
años atrás estaba pensando en cuántas personas
se habían registrado para un congreso de mujeres
que yo iba a dirigir. Cuando le pregunté a mi
asistente, ella me dijo que no había muchas personas registradas, sin embargo los organizadores
de la reunión creían que habría en asistencia una
concurrencia como la del año anterior.

De repente el pensamiento atravesó mi mente:
"¿Y si no viene nadie? ¿Y si mi equipo y yo viajamos
toda esa distancia y nadie aparece?". Entonces me
animé a mí misma con mi propia boca y dije en
voz alta: "Todo saldrá bien".

A veces tenemos que hacerlo porque si no, esos

31

malos presentimientos continuarán colgándose alrededor de nosotros causando ansiedad y preocupación. Cuando reconocí esos pensamientos ansiosos y presentimientos malvados y tomé autoridad sobre ellos, Dios comenzó a traer libertad a mi vida, para poder comenzar a gozarme en ella.

Satanás coloca ansiedad y pensamientos de preocupación en nuestras mentes, a veces llega a "bombardear" nuestras mentes con ellas. Él tiene esperanza que nosotros la recibamos y comencemos a "decirlas" a través de nuestra boca. Si lo hacemos, Él entonces tiene material para crear circunstancias en nuestras vidas sobre las cuales nos ha estado ocasionando ansiedad.

Las palabras tienen el poder creativo en el mundo espiritual. ¡Génesis 1:3 dice, Dios *dijo*, sea...y fue...!

Jesús *dijo*: No os afanéis pues, *diciendo*: ¿Qué comeremos, o qué beberemos, o qué vestiremos? (Mateo 6:31) Si tomamos un pensamiento negativo, y comenzamos a decirlo, entonces estamos solamente a pasos de un problema real. "Así que, no os afanéis por el día de mañana; porque el día de mañana traerá su afán. Basta a cada día su propio mal" (v. 34).

Disfrute la vida

> ...espíritu afable y apacible [no ansioso o preocupado], que es de gran estima delante de Dios....
>
> *1 Pedro 3:4*

Ansiedad también significa "cuidado", "interés", "inquietud", "estado de mente atribulado". Pedro nos dice que el tipo de espíritu que a Dios le gusta es un espíritu pacífico, no uno que esté ansioso o deprimido.

Cuando estamos tensos por dentro, nos sentimos como si nuestro estómago estuviera en nudos. Todo se convierte en carga—algo grande, intenso—de tal manera que no podemos relajarnos y gozar de la vida como Dios pretendió.

En mi caso, yo siempre estaba tensa y perturbada porque mi niñez fue robada a través del abuso. Desde una edad muy temprana, yo me sentía ya como una adulta, porque realmente nunca tuve una niñez. No sé cómo desprenderme y ser como una niña. Entonces cuando me casé y tuve mis propios hijos, no supe cómo disfrutarlos.

Por años tampoco pude disfrutar de mi esposo porque siempre estaba tratando de cambiarlo.

Estaba continuamente tratando de perfeccionarlo, a él y a todo el mundo.

Tuve hijos, pero no pude disfrutarlos. Cada día antes de irse a la escuela, me aseguraba que su cabello estaba en el lugar adecuado, que no hubiese arrugas en su ropa y que su almuerzo estuviera preparado. Yo amé a mis hijos, pero nunca los pude disfrutar.

Tenía una casa linda, la mantenía limpia con cada cosa en su lugar, pero no la pude disfrutar. Mas nadie pudo gozar la casa tampoco. Vivíamos en ella. Pero todo lo que podíamos hacer era mirarla. Mis hijos tenían juguetes lindos, pero no los podían disfrutar porque yo no los dejaba. Yo no quería que sacaran sus juguetes y jugaran con ellos.

Nunca supe lo que era tener diversión. Lo que fuera, yo no creía que era algo que mi familia tenía el derecho a hacer. Yo pensaba: "No se *necesita* tener un tiempo agradable. Todo lo que se *necesita* es un buen día de trabajo".

Recuerdo haberles dicho a mis niños: "Salgan a jugar y a divertirse." Entonces al hacerlo yo me les iba detrás diciendo: "¡Recojan ese desorden! ¡Recojan esos juguetes ahora mismo! ¡Todo lo que ustedes hacen aquí es hacer desórdenes!".

Lo que yo tenía que comprender en esa etapa de

mi vida era que si las cosas no terminaban de la manera que yo quería, no era el final del mundo. Necesitaba descansar y disfrutar la vida.

La Biblia dice en Salmo 118:24: "Este es el día que hizo Jehová; Nos gozaremos y alegraremos en él".

En Juan 16:33, Jesús dice: "Estas cosas os he hablado, para que en mí tengáis [perfecta] paz. En el mundo tendréis aflicción; pero confiad [toma valentía, certeza, impavidez], yo he vencido al mundo".

En Filipenses 4:4, el apóstol Pablo dice: "Regocijaos en el Señor siempre [deléitate, vosotros gozaos en Él]. Otra vez os digo, ¡Regocijaos!".

No seas tan intenso. Descansa un poco. Dale a Dios la oportunidad para que trabaje. Haz la decisión para gozar y disfrutar la vida.

Transformados de gloria en gloria

> "Por tanto, nosotros todos, mirando a cara descubierta como en un espejo [en la Palabra de Dios] la gloria del Señor, somos transformados de gloria en gloria en la misma imagen, como por el Espíritu del Señor."
>
> *2 Corintios 3:18*

¿Se da cuenta de que si la única vez que usted ha de disfrutar algo es cuando las cosas son perfectas, entonces nunca va a disfrutar un tiempo agradable?

No cometa el error de esperar a gozarse hasta que usted y todo a su alrededor se haya perfeccionado o haya llegado a la meta final.

La Biblia nos dice que usted y yo estamos siendo cambiados a la imagen de Dios, de gloria en gloria. Eso quiere decir que estamos atravesando varias etapas. Necesitamos aprender a gozar la gloria de la etapa en que nos encontramos al momento mientras nos estamos moviendo a la próxima etapa. Necesitamos aprender a decir: "No estoy donde debo de estar, pero, gracias a Dios, no estoy donde estaba antes. Estoy en el medio y me voy a gozar cada etapa".

Cuando nuestros hijos son bebés hacen cosas lindas como sonreír y arrullar, pero también hacen cosas que no son tan lindas como llorar durante la noche. Decimos: "Yo estaré tan contento cuando pasen esta etapa para poder entonces disfrutarlos de veras".

De alguna manera logran atravesar la etapa y entonces entran a la próxima. A este punto, ellos están hablando y diciendo expresiones lindas, pero también están andando y tirando cualquier objeto que sus manos pueden tomar. De nuevo nos encontramos deseando que terminen esta etapa.

De pronto entran a la escuela, y nos encontramos diciendo: "Estaré tan contento cuando estén en el primer grado, entonces ellos irán a la escuela todo el día". Pero tan pronto que están en la escuela elemental nos encontramos diciendo: "Estaré tan contento cuando comiencen la escuela superior". Entonces cuando se gradúen de la escuela superior, decimos: "Estaré tan contento cuando estén casados".

Entonces un día esto sucede, y de repente comprendemos que nunca gozamos ninguna etapa de sus vidas. Siempre estábamos esperando a estar contentos "*cuando*".

Así era la forma en que yo gastaba mi vida. Siempre iba a ser feliz en otro tiempo.

Cuando tuve reuniones de cincuenta personas, pensaba: "Seré feliz cuando cientos de personas comiencen a llegar a mis reuniones". La realidad es que cuando eso finalmente ocurrió, no me hizo más feliz.

Cada etapa que atravesamos trae con ella una cierta cantidad de gozo, pero también viene con una pequeña serie de problemas. Lo que tenemos que hacer es estar contentos sin importar las circunstancias.

Contento a pesar de las circunstancias

> Por cuanto me has alegrado, oh Jehová,
> con tus obras; En las obras de tus manos
> me gozo.
>
> *Salmo 92:4*

Hace algunos años atrás encontré la puerta hacia la felicidad. Se encuentra en la presencia de Dios.

Yo estaba contenta si Dios estaba haciendo algo que me contentaba. Pero no sabía estar contenta *por* Él. Yo sabía cómo buscar su mano, pero no sabía cómo buscar su rostro.

No crea que va a estar contento cuando Dios haga lo próximo que quiera que Dios haga para ustedes. Tan pronto como Él lo haga, habrá otra cosa que querrá y piensa que no va a estar contento hasta que lo reciba. No pierda toda su vida esperando ser feliz en un próximo tiempo.

Un día yo recibí este avance, yo estaba camino hacia una reunión, y estaba cantando ese corito popular: "Tú me has hecho feliz, tú me has hecho feliz; me gozaré porque tú me has hecho feliz". Fue cuando el Espíritu Santo me habló y me dijo: "Por primera vez estás cantando el cántico correctamente".

Porque Dios escucha nuestro corazón más que las palabras, el cántico sonó diferente a los oídos de Él. Antes, lo que Él escuchaba era: "Las cosas que tú has hecho por mí me hacen feliz, las cosas que tú has hecho por mí me hacen feliz, me gozaré porque las cosas que tú has hecho por mí me hacen feliz".

Cuando el Señor hacía lo que yo quería que Él hiciera entonces estaba yo contenta. Pero cuando el Señor no hacía lo que yo quería que Él hiciera entonces yo no estaba contenta. Por lo tanto vivía una vida de "altas y bajas". Era como estar sentado en una montaña rusa. Me estaba desgastando de estar en las altas y las bajas todo el tiempo. Si mis circunstancias estaban de mi agrado, estaba por las nubes, pero si no, estaba por el piso.

Si va a vivir una vida llena de gozo, tenemos que encontrar algo de lo cual estar contentos que no sean nuestras circunstancias.

Contentos a pesar de la gente

Alegraos en Jehová, y gozaos [sin compromiso alguno], justos [los que son rectos y en posición correcta con Él];

y cantad con júbilo todos vosotros los rectos de corazón.

Salmo 32:11

Aún si las circunstancias están de nuestro agrado, eventualmente encontraremos que el mundo está lleno de personas que no son de nuestro agrado. Tan pronto arreglemos los que no son de nuestro agrado, todavía otros vendrán que no son de nuestro agrado. Es un ciclo sin fin.

En nuestro ministerio tenemos un gran grupo de personas en nuestro personal. Aunque son de las personas más bellas que yo he conocido, hay ocasiones que no me hacen feliz.

Aún estando alrededor de personas cristianas eso no nos va hacer felices todo el tiempo. El único que nos puede hacer feliz siempre, todo el tiempo, es Jesús y aún Él no puede hacerlo por nosotros a menos que nosotros se lo permitamos.

El síndrome de Marta

Aconteció que yendo de camino, entró en una aldea; y una mujer llamada Marta le recibió en su casa. Esta tenía una hermana que se llamaba María, la cual, sentándose a los pies de Jesús, oía su palabra. Pero Marta se preocupaba con muchos quehaceres, y acercándose, dijo: Señor, ¿no te da cuidado que mi hermana me deje servir sola? Dile, pues, que me ayude.

Lucas 10:38–40

Nadie conocía la fuente de felicidad, paz y gozo mejor que María, la hermana de Marta. Cuando su invitado, Jesús, llega a su casa, ella se situó a sus pies para poder escuchar todo lo que Él decía sin dejar de escuchar una sola palabra. Ella estaba alegre de que Él había decidido visitarles ese día y quería verdaderamente gozar el tiempo que tendría junto con Él. Así que se sentó y fijó sus ojos en Jesús.

Entonces estaba también su hermana, la buena Marta. Ella ya había gastado todo su día corriendo y limpiando, brillando y cocinando, tratando de preparar todo para la visita de Jesús.

La razón por la cual encuentro bien fácil reconocer a Marta en esta situación es porque yo era idéntica a ella.

Todo tenía que estar en orden cuando el invitado de Marta llegara. Aún cuando Él llegó, ella se ocupó en la cocina preparando la comida y haciendo los últimos arreglos de la mesa.

Eventualmente Marta se molestó y vino a Jesús diciendo algo como: "¿Maestro, porqué no haces que mi hermana María se levante y me ayude a hacer parte del trabajo?". Esperando recibir simpatía y tal vez reconocimiento por lo que había hecho, se llevó la sorpresa cuando Él le dijo: "Marta, Marta, afanada y turbada estás con muchas cosas: Pero sólo una cosa es necesaria; y María ha escogido la buena parte, la cual no le será quitada".

Estoy segura que hubo silencio alrededor de la casa después de ese comentario. Pero la verdad es que Marta necesitaba escuchar esto.

Me acuerdo en una ocasión cuando Dios me dijo algo similar. Me dijo: "Joyce, tú no puedes disfrutar la vida porque eres muy complicada". ¡Y Él estaba en lo correcto! ¡Yo complicaría una simple barbacoa!

Recuerdo una ocasión cuando vi a unos de mis amigos y de repente los invité a que nos visitaran. Me acuerdo haberles dicho algo como: "¿Porqué no vienen a casa el domingo? Podemos comer algo y nos sentamos en el patio y tenemos un tiempo agradable, o tal vez nos entretenemos con un juego".

Después de decirles esto pensé en el tiempo agradable que tendríamos. Entré en mi automóvil y comencé a conducir hacia mi casa. ¡En el tiempo que tomó llegar a mi casa, el almuerzo sencillo se había convertido en un banquete!

No pasó mucho tiempo cuando decidí que la barbacoa necesitaba ser pintada y los muebles de patio necesitaban ser reemplazados. Por supuesto, el pasto tenía que ser cortado y la casa completamente limpiada. Tenía que darle una buena impresión a mi visita.

Al pasar el tiempo, no tan solo pensaba en las seis, personas que invité sino también en las catorce personas que se ofenderían al saber que había invitado a los seis, pero no a ellos. Entonces ahora, de repente, esta simple invitación se convirtió en una pesadilla. Me estaba rindiendo al temor del hombre.

Entonces el síndrome de Marta comenzó a penetrarse un poco más. Comencé locamente a limpiar la casa y a trapear los pisos de la casa. Invariablemente, me enojé con David y los muchachos y dije algo como: "¡Yo no puedo entender por qué es que yo tengo que hacer *todo el trabajo* mientras todo el mundo la pasa de lo más bien! Ya para ese tiempo tenía a "Marta" escrita por toda mi cara. Distinto a María, no había escogido la mejor porción.

Viva en el hoy

> Amados, ahora somos hijos de Dios, y
> aún no se ha manifestado lo que hemos
> de ser [después]; pero sabemos que
> cuando él se manifieste, seremos [como
> hijos de Dios] semejantes a él, porque le
> veremos tal como él es.
>
> *1 Juan 3:2*

En realidad, son las selecciones que hacemos
hoy las que determinarán si gozaremos el
momento o si lo perderemos con la preocupación.
A menudo terminamos perdiendo el momento
de hoy porque estamos muy preocupados por el
mañana.

Otra definición de *ansiedad* es "intranquilidad
y angustia acerca de incertidumbres futuras". La
definición que el Señor me dio sigue cerca de estas
líneas: "La ansiedad es causada mental o emocio-
nalmente por tratar de entrar en cosas que todavía
no han llegado (el futuro) o las cosas que ya han
pasado (el pasado)".

Una de las cosas que tenemos que aprender es
que Dios quiere que aprendamos a ser personas
de *ahora*. Por ejemplo, 2 Corintios 6:2 dice: "...he
aquí ahora el día de salvación" y Hebreos 4:7 dice:

"…si oyereis su voz hoy, y cuando lo escuches, no endurezcáis vuestros corazones".

Necesitamos aprender a vivir en el hoy. Muchas veces gastamos nuestro esfuerzo mental en el pasado o en el futuro. Esto puede sonar algo gracioso a usted, pero he tenido tantos problemas con esta tendencia en mi vida que Dios una vez me reveló que yo vivía en ansiedad aún cuando me cepillaba los dientes.

Mientras cepillaba mis dientes, ya estaba pensando en lo próximo que iba a hacer. Estaba de prisa y mi estómago ya estaba en nudos. Cuando usted y yo no nos entregamos a lo que estamos haciendo al momento somos propensos a la ansiedad.

Recuerdo cuando por primera vez fui bautizada con el Espíritu Santo. Mi mente tenía un desorden tan terrible que tenía problemas con las cosas más ordinarias de mi vida. Me levantaba de madrugada, enviaba mis tres hijos a la escuela, mi esposo al trabajo, y entonces comenzaba lo que tenía que hacer ese día. Pero no podía concentrar mi mente en nada.

Estaba en mi dormitorio arreglando la cama cuando de repente me acordaba que no había limpiado los platos. Así que corría hacia la cocina para hacerlo dejando la cama arreglada parcialmente.

Mientras limpiaba los platos pensaba: "Necesito ir a la planta abajo y buscar la carne del congelador para que se descongele a tiempo para la cena".

Entonces corría hacia la planta de abajo para sacar la carne del congelador. Mientras lo hacía veía la ropa sucia amontonada y decidía que tenía que parar y poner la ropa a lavar en la máquina de lavar.

Entonces pensaba en una llamada que tenía que hacer y corría hacia la planta de arriba para atender esa tarea. En medio de toda esa confusión y prisa me acordaba que tenía que ir al correo y enviar unos pagos de deudas. Así que me apuraba para hacer esa tarea.

Ya cuando terminaba el día, tenía un desastre peor de lo que había comenzado. Todo estaba a medias y yo estaba frustrada y agotada. ¿Porqué? Simplemente porque no me di por completo a ninguna cosa.

Una cosa a la vez

Guarda tu pie [dad tu mente a lo que estas haciendo]....

Eclesiastés 5:1

¿Sabía usted que nosotros no nos damos a una sola cosa? Porque estamos muy preocupados de continuar hacia la próxima cosa. Necesitamos hacer lo que el escritor del libro de Eclesiastés nos ha dicho que hagamos: mantener nuestra mente en lo que estamos haciendo al momento. ¡Si no hacemos esto perderemos nuestro equilibrio y balance de la vida, y nada tendrá sentido!

Necesitamos hacer una decisión para vivir en el hoy, no en el pasado o en el futuro, porque entrando en el ayer o mañana cuando debemos de estar en el día de hoy perdemos nuestra unción del día de hoy. Tenemos que tomar un día a la vez porque esa es la única manera que llegaremos hacia donde vamos.

Vivimos en un mundo tan instantáneo que queremos que alguien agite la varita mágica sobre nosotros y que todo salga bien. El cambio viene un día a la vez.

Un día a la vez

> Así que, no os afanéis por el día de mañana; porque el día de mañana traerá su afán. Basta a cada día su propio mal.
>
> *Mateo 6:34*

En Juan 8:58 Jesús se refirió a sí mismo como el "YO SOY". Si tú y yo como sus discípulos, tratamos de vivir en el pasado o en el futuro, encontraremos que la vida será difícil porque Jesús siempre está en el presente. Por eso es que Él nos dijo que no nos preocupemos con el pasado ni el futuro.

Si tratamos de vivir en el futuro o en el pasado, la vida será difícil. Pero si vivimos en el *ahora*, encontraremos que el Señor esta ahí con nosotros. A pesar de todas las situaciones que la vida nos trae, Él ha prometido nunca dejarnos o desampararnos, pero siempre estar con nosotros y ayudarnos (Hebreos 13:5; Mateo 28:20).

Dedicándonos a una cosa a la vez no tan solo es algo físico, es algo tanto mental como emocional. Por ejemplo, podemos estar parados en un lugar físicamente, pero estar teniendo una conversación en nuestra mente en otro lugar.

El pasar al próximo lugar, aunque solo en nuestras mentes, crea en nosotros presiones innecesarias. Entonces al regresar al presente no estamos claros en lo que sucedió mientras estábamos mentalmente ausentes.

Por eso es que el diablo constantemente trata de ocupar nuestras mentes y llevarnos a otro lugar. Él quiere que perdamos lo que está sucediendo ahora.

Me acuerdo que yo estaba enojada un día por algo que mi esposo había hecho. En esos días me enojaba y me mantenía enojada por varios días. Finalmente David dijo algo que verdaderamente me llamó la atención: "¿Qué terrible sería si Jesús viniese esta noche y tu gastaras tu último día en la tierra así?". Esto me dio algo para pensar.

Usted y yo no debemos estar ansiosos sobre el mañana cuando tenemos bastante que manejar hoy. Si tal vez logramos manejar todos nuestros problemas hoy, mañana tendremos otras cosas para manejar, y aun más el próximo día.

¿Porqué gastar el tiempo con ansiedad cuando no va a resolver nada? ¿Porqué estar ansioso sobre el ayer que se fue o mañana que todavía no ha llegado? Viva en fe ahora. No tema y no se preocupe.

4

∞

Los pensamientos de Dios son más altos que los nuestros

¿**E**stá usted siempre tratando de resolver todo? Muchos de nosotros hemos caído en esa cuneta. En lugar de echar nuestra ansiedad sobre el Señor, atravesamos la vida con todo tipo de ansiedad.

Cuando estamos tratando de resolverlo todo, estamos exaltando nuestro razonamiento sobre los planes y pensamientos de Dios que Él tiene para nuestras vidas. Estamos situando nuestros caminos sobre los caminos de Él.

2 Corintios 10:5 nos dice que debemos de "...llevar cautivo todo pensamiento a la obediencia a Cristo". La tercera señal de tránsito es "Echar todo vuestro cuidado y evitar el razonamiento". Cuando hacemos esto, dejaremos de

tratar de resolverlo todo y aprenderemos a echar nuestra ansiedad sobre el Señor y entraremos en su descanso.

Entrar en el descanso de Dios

> "Pero los que hemos creído entramos en el reposo…"
>
> *Hebreos 4:3*

Este pasaje se refiere a los hijos de Israel entrando a la tierra de Canaan en vez de andar ambulantes en el desierto. Pero podemos aplicarlo a nuestras vidas; si no estamos descansando, entonces no estamos confiando y creyendo, porque el fruto de creer y confiar es descansar. A veces me siento tentada a resolver cada detalle de lo que está sucediendo o buscar la razón del porqué. Pero yo sé que al hacer esto no estoy confiando en Dios.

En Proverbios 3:5 se nos dice: "Fíate de Jehová de todo tu corazón, y no te apoyes en tu propia prudencia…" En otras palabras se nos dice, "Confía en Dios y no trates de resolverlo basado en lo que ves, ¡Confía en Dios mientras estás tratando de resolverlo!".

Yo comprendí que con mi boca le decía a Dios

que confiaba en Él mientras en mi mente trataba de resolverlo todo. ¡Lo que Proverbios 3:5 nos dice es de confiar en el Señor con todo nuestro corazón y con toda nuestra mente! Eso quiere decir que debemos de dejar el razonamiento excesivo.

Razonamiento contrario a la verdad

> Pero sed hacedores de la palabra [obedece al Mensaje], y no tan solamente oidores, engañándoos á vosotros mismos [en decepción por razonamientos contrarios a la verdad].
>
> *Santiago* 1:22

Cuando Dios me reveló que tenía que dejar el razonamiento excesivo, era para mí un gran reto pues yo estaba adicta a él. No podía estar tranquila al no tener todo resuelto o manejado.

Por ejemplo, Dios me dijo que hiciera algunas cosas en mi ministerio hace unos años atrás que no tenía la menor idea de cómo hacerlas. Una de esas cosas era estar en la televisión diariamente. Por supuesto, eso multiplicó el trabajo y la responsabilidad del empleo por cinco. Requirió más empleados y más espacio.

Pero Dios no me llamó a resolver exactamente

cómo yo iría a alcanzar todo lo que Él me pedía que hiciera. Él me llama a buscarlo a *Él*, no las respuestas a mis problemas, y luego obedecer lo que Él me diga que yo haga.

No sabía cómo buscar el dinero, el espacio o las personas para hacer todo lo que el Señor nos había mandado a hacer. Pero tenía suficiente experiencia con Dios para saber que si me mantenía en la sombra de sus alas—adorando, y alabando— tomando mi parte de la responsabilidad, pero confiando en Él, Él llevaría todo a cumplirse de acuerdo a su voluntad y su plan.

Mi responsabilidad es hacer todo lo que Él quiere que yo haga. Todo lo que Él espera de mí es que comience a decir: "Voy a dar los pasos para comenzar y sé que tú vas a proveer". Pero te puedo asegurar que Dios nunca me va a mandar a preocuparme o a tratar de resolver cómo Él va a hacer todo lo que Él me está dirigiendo a hacer.

Cuando nos preocupamos perdemos nuestra paz y cuando tratamos de resolverlo todo caemos en confusión. ¡Habitando bajo la sombra del Omnipotente nos mantendremos en paz!

Una vez le pregunté al Señor: "¿Porqué estamos siempre confundidos?". Me contestó diciendo: "Si dejas de tratar de resolverlo todo entonces no estarás confundida".

El principio de la confusión es una señal indicadora de que estamos tomando el camino equivocado y nos encontraremos en peligro.

La confusión es el resultado de razonar con nuestro propio entendimiento cuando debemos estar confiando en el Señor con todo nuestro corazón para que nos prepare el camino de acuerdo a su plan. Cuando confiamos en que sus pensamientos son mas altos que los nuestros, podemos detener la confusión antes que comience.

Conversaciones sin límite

> …no os preocupéis por cómo o qué habréis de responder, o qué habréis de decir; porque el Espíritu Santo os enseñará en la misma hora lo que debáis decir.
>
> *Lucas 12:11, 12*

Algunas veces, no tan solo tratamos de resolver lo que vamos a *hacer* antes de tiempo, pero también tratamos de resolver lo que vamos a *decir*.

En tu casa tal vez tienes que afrontar a tu cónyuge acerca de una situación. En tu trabajo tal vez necesitas preguntar a tu jefe por un aumento de salario o reprender a un empleado acerca de un comportamiento que no es apropiado. Cualquiera que sea la situación con la que usted se encuentre ahora, puede estar lleno de ansiedad.

¿Porqué no hacer una decisión de confiar en Dios en vez de planificar y ensayar una conversación una y otra vez en su cabeza? ¿Por qué no sencillamente creer que Dios quiere que usted se enfrente a la situación sin tratar de resolver antes de tiempo lo que va a decir?

Tal vez necesitará una idea general de lo que va a presentar, pero hay un balance que hay que mantener. Si se pone obsesionado y se mantiene maquinando la situación en su cabeza eso es un indicador de que no está confiando en el Señor. Está dependiendo en sí mismo y va a fracasar.

¿Sabía usted que podemos decir una cuantas palabras bajo la unción de Dios y traer paz y armonía, o podemos decir doscientas palabras en la carne y causar un caos y una confusión completa?

A veces trastornamos nuestro cerebro tratando de inventar un plan para manejar una situación difícil. Y ya cuando hemos decidido lo que vamos a hacer, el pensamiento preocupante entra en nuestra cabeza: "¿Sí, pero y si…?". Y terminamos más confusos que al principio.

Me acuerdo una noche acostada en la cama

mientras mentalmente luchaba con una situación que me estaba causando inquietud. Eventualmente me encontré en unas de esas conversaciones imaginarias: "Si yo digo esto ellos dirán esto. ¡Si esto sucede, me voy a perturbar! ¿Entonces qué voy a hacer?".

Yo sabía que tenía que discutir algunas cosas que no eran placenteras con algunas personas que yo no quería ofender. Aunque no quería que los involucrados estuvieran enojados conmigo, tampoco quería eludir mi responsabilidad en ser una "complacedor de hombres" (Efesios 6:6; Colosenses 3:22). Necesitaba sentir paz y confianza sobre el asunto.

La paz de Dios siempre está disponible, pero tenemos que escogerla. Tenemos que escoger entre el sol caliente de la preocupación—y estar sudando, miserablemente, secos con sed—o en el fresco bajo la sombra placentera de la paz de Dios.

¡Los planes de Dios para nosotros son buenos!

> Porque yo sé los pensamientos que tengo acerca de vosotros, dice Jehová, pensamientos de paz, y no de mal, para daros el fin que esperáis.
>
> *Jeremías 29:11*

Como resultado de mi hogar abusivo cuando era niña aprendí a estar segura de lo que decía antes de abrir mi boca. Tenía miedo que si decía lo incorrecto, me harían sufrir por ello.

Gasté muchos años de mi vida ensayando conversaciones en mi cabeza para asegurarme que todo sonaría bien. Eventualmente, por supuesto, mi mente tomó el hábito de pensar negativamente y a la defensiva.

Por mis propias inseguridades y mis temores de ser rechazada, tomaba días tratando de resolver el significado de algunos comentarios dichos a mí por alguien que en sí no quería decirme nada en particular.

Dios no quiere que usemos nuestras mentes de esa manera. Es un inútil gasto de tiempo. Nuestro Padre celestial tiene un plan para nuestras vidas. Sus pensamientos están sobre nuestros pensamientos (Isaías 55:8, 9). Ni usted ni yo lo vamos a descifrar a Él.

Después de luchar por muchos años, finalmente le dije al Señor: "¿Cuál es mi problema?". El Señor me habló algo que cambió mi vida. Él dijo: "Joyce, por la manera en que fuiste criada, el temor está incrustado en tu proceso de pensar".

Por supuesto, el Señor estaba trabajando conmigo desde el momento que fui llena del Espíritu

Santo. Pero yo comprendí que todavía tenía un largo camino.

A pesar de todo eso me dijo: "¡Joyce, todo va a salir bien!". Cuando Él me dijo esto fue toda una revelación. Recordé lo que yo le decía a mis hijos cuando venían hacia mí llorando y turbados: "¡Está bien! Mamá lo arreglará todo. Todo saldrá bien". Aunque el mensaje era sencillo, entendí lo que Él me decía.

Me acuerdo en una ocasión en particular cuando mi equipo de ministerio y yo estábamos programados a ofrecer un seminario. Aunque ya habíamos ordenado las etiquetas para los materiales que necesitaríamos para el seminario, el pedido no llegaba. Cuando llamamos a la compañía parece ser que perdieron la orden. Aunque inicialmente habíamos enviado la orden con mucha anticipación, ahora se nos había acabado el tiempo, y tuvimos que hacer otro pedido especial de inmediato.

El día después de la fecha del nuevo envío, las etiquetas todavía no habían llegado. Yo simplemente dije: "Todo saldrá bien." Durante el tiempo en que llegué a mi casa, las personas de mi oficina me llamaron para decirme que las etiquetas habían llegado después que salí de mi oficina.

Desarrollando confianza y seguridad

> ...sin que también nos gloriamos en las tribulaciones, sabiendo que la tribulación produce paciencia; y la paciencia, prueba; y la prueba, esperanza.
>
> *Romanos 5:3, 4*

¿Cuántas veces se ha frustrado y ha pasado un mal rato innecesariamente sobre esta clase de situaciones? ¿Cuántos años de su vida ha gastado diciendo: "Yo estoy creyendo en Dios. Estoy confiando en Dios", cuando en realidad lo que estaba haciendo era preocupándose, hablando negativamente y tratando de resolverlo todo? Tal vez pensaba que estaba confiando en Dios porque decía: "Confió en Dios", pero por dentro estabas ansioso y lleno de pánico. Estaba tratando de aprender a confiar en Dios, pero todavía no lo había logrado.

¿Quiere decir que adquirir confianza y seguridad es simplemente decir: *"No te preocupes, todo saldrá bien"*? No, no creo eso. La confianza y seguridad se establecen a través de un período de tiempo. Usualmente se toma tiempo para superar un hábito incrustado de preocupación, ansiedad y temor.

Por eso es tan importante "que se mantenga

ahí". No se rinda ni se dé por vencido porque recibirá beneficio espiritual. Cada vez será más fuerte que la vez anterior. Tarde o temprano, usted será algo que el enemigo no puede controlar.

Solo Dios puede verdaderamente ayudar

> Pero tú eres el que me sacó del vientre; el que me hizo estar confiado desde que estaba a los pechos de mi madre. Sobre ti fui echado desde antes de nacer; desde el vientre de mi madre, tú eres mi Dios. No te alejes de mí, porque la angustia está cerca; porque no hay quien ayude.
>
> *Salmo 22:9–11*

He caminado con Dios por largo tiempo, así que he vivido experiencias y he atravesado tiempos difíciles. Pero nunca me he olvidado de los tiempos en que el enemigo me controlaba y me manipulaba. Me acuerdo las noches que pasaba andando el piso llorando, sintiendo como si nunca lograría nada.

Me acuerdo que corría a mis amigos y a otros que yo pensaba que me podían ayudar. Eventualmente fui inteligente, no porque no me gustaba o confiaba en ellos, sino porque sabía que verdaderamente ellos no me podían ayudar, solo Dios podía.

Escuché un orador decir: "Si la gente te puede ayudar entonces no tienes un problema verdadero". Me molestaba con mi esposo porque cuando él atravesaba problemas o tiempos difíciles, él no me lo decía. Entonces dos o tres semanas después de haber ganado la victoria, él me decía: "Estuve atravesando un tiempo difícil unas semanas atrás".

Antes de él terminar, le preguntaba: "¿Por qué no me lo dijiste?".

¿Usted sabe lo que él respondía?

"¡Yo sabía que no podías ayudarme, así que ni tan solo te pregunté!"

No estoy diciendo que es malo compartir con alguien que uno ama y confiarle lo que está sucediendo en su vida, pero David entendió una verdad que yo necesitaba poner en práctica en mi propia vida. Hay veces que solo Dios nos puede ayudar. Aunque yo hubiera querido ayudar a mi esposo, en verdad no podía. Únicamente Dios podía y él tenía que ir a Él.

El Señor me dijo una vez que teníamos que aprender a sufrir privadamente. Uno de los versículos que Él me dio basado en esta línea de pensamiento es Isaías 53:7: "angustiado él, y afligido, no abrió su boca…". Al llegar a cierto punto en su caminar con Dios, esta es una de las reglas de oro para ganar más fuerzas con Él.

Echando su solicitud en el Señor

> Echando toda vuestra solicitud en él,
> porque él tiene cuidado de vosotros.
>
> *1 Pedro 5:7*

En mi caminar con el Señor, yo quería lograr llegar al punto donde tendría estabilidad, no me preocupaba, no estaba llena de razonamientos innecesarios y pudiera echar toda mi ansiedad sobre Él.

Mi esposo tenía un don especial en esta área. Él ha vivido muchas experiencias con el Señor y a través de los años el Señor le ha dado un gran sentido de paz y seguridad. Esto es algo bueno porque yo me preocupaba tanto que si los dos fuésemos así nunca lograríamos hacerlo todo.

Yo era la contable de la casa y la que manejaba las cuentas. Cada mes yo sacaba la calculadora y comenzaba a sumar las cuentas. Yo me sobrecargaba a mí misma hasta llegar a un desorden frenético, preocupándome de cómo lograríamos pagar todas las deudas.

David, al contrario, estaba en la sala jugando con los muchachos, ellos se arrastraban por su espalda mientras él veía televisión. Los escuchaba riéndose y teniendo un tiempo muy agradable.

De repente me enojaba con David porque él estaba disfrutando la vida y yo me sentía miserable. Pero así es como es a veces. Cuando estamos miserables, nos enojamos con cualquiera que no quiere ser miserable con nosotros.

Me encontraba en la cocina estrujando mis manos y diciendo: "Señor confío en ti. Creo que tú me vas a ayudar este mes otra vez". Estaba diciendo las palabras correctas, pero me sentía miserable y preocupada.

El fin del mes llegaba, y de seguro, Dios hacía un milagro en nuestras finanzas. Entonces, por supuesto, tenía que preocuparme por el próximo mes. Aunque yo entendía que estaba en el centro de la voluntad del Señor todavía me preocupaba.

Confiar en Dios es una de las áreas donde tenemos que buscar experiencias propias. Ellas no llegan a nosotros atravesando una línea de oración o con que nos impongan las manos. No es algo que otra persona nos puede dar. Lo logramos nosotros mismos a través de un espacio largo de tiempo.

Clame al Señor

Ten misericordia de mí, oh Jehová;
Porque a ti clamo todo el día.

Salmo 86:3

Las finanzas no es la única área en que he tenido que confiar en el Señor. Ha habido veces en mi vida donde el dolor ha sido grande. He tenido que estirar mi cara y clamar al Señor: "Señor, tú tienes que ayudarme. Si tú no me ayudas, no puedo seguir adelante, no puedo aguantar más".

Es en tiempos desesperantes como estos es que conocemos a Dios muy bien. Para ser honesta, llorando al Señor como un niño pequeño y dependiendo totalmente de Él es saludable. Cuando lloramos en voz alta, no tenemos que preocuparnos cómo sonamos o qué lindo nos vemos.

Sé que ha habido veces en mi vida cuando me he visto como una absoluta idiota mientras lloraba ante el Señor, pero lo hice de todas maneras.

¿En qué dirección se dirige?

No lo digo porque tengo escasez, pues he aprendido a contentarme cualquiera que sea mi situación.

Filipenses 4:11

No se desaliente si todavía no ha llegado donde quiere estar. Toma tiempo y experiencia aprender a cómo arrojar toda su ansiedad sobre Él y mantenerse bajo su sombra en el lugar secreto. La pregunta no es: "¿Dónde me encuentro ahora?". Al contrario, la pregunta debe de ser: "¿Hacia cuál dirección me dirijo?".

¿Está aprendiendo? ¿Está dispuesto a cambiar? ¿Está listo para crecer? El mero hecho de que está leyendo este libro dice que desea sobreponerse a sus temores, ansiedades e inseguridades. Entonces lo que tiene que hacer es aprender más en cómo echar todas sus ansiedades sobre Él para que pueda evitar razonamientos vanos.

Cumpla su responsabilidad, pero eche su ansiedad

> Encomienda a Jehová tus obras, y tus pensamientos serán afirmados.
>
> *Proverbios 16:3*

Yo pienso que la razón por la cual quiero resolverlo todo es por mi temor al fracaso. Siempre he sido una persona responsable y siempre he querido que todas las cosas me resulten bien. Pero además de responsabilidad, también tenía ansiedad.

Dios quiere que *cumplamos con nuestra responsabilidad,* pero que *echemos nuestra ansiedad sobre Él.* ¿Por qué es que Él quiere que echemos nuestra ansiedad sobre Él? Porque Él cuida de nosotros.

No sé usted, pero yo he pasado muchos años de mi vida atormentándome con ansiedad y preocupación, tratando de manejar esas cosas que no eran mi responsabilidad de manejar. Como resultado, gasté años de mi vida inútilmente.

Si quieres verdaderamente estar frustrado, sigue tratando de resolver algo que no está en tu control poder resolver. Si haces esto, te vas a frustrar insoportablemente.

"Ah, pues bien"

> Deja la ira, y desecha el enojo: No te
> excites en manera alguna a hacer lo malo.
>
> *Salmo 37:8*

Cuando me encuentro en una situación en la cual no puedo hacer nada he encontrado que la mejor manera de echar mi ansiedad sobre el Señor es simplemente decir: "Ah, pues bien".

Tome, por ejemplo, el día en que David derramó su jugo de naranja en el auto y cayó un poco en mi ropa. Inmediatamente dije: "Ah, pues bien". De modo que el problema se solucionó: y continuamos con el resto de nuestro día.

Algunas cosas no merecen que nosotros nos enojemos por ellas, pero muchas personas sí se enojan. Desgraciadamente, una gran parte de los cristianos se encuentran enojados, preocupados y llenos de ansiedad. No son las cosas grandes las que les molestan, son las cosas pequeñas que no entran en sus planes. En vez de echar su ansiedad y sencillamente decir, "Ah, pues bien" siempre están tratando de hacer algo sobre lo cual no pueden hacer nada.

En más de una ocasión, esa frase simple "Ah, pues bien," me ha ayudado a salir a flote.

Un día nuestro hijo Daniel cometió un error al final de su tarea escolar. Así que desmoronó el papel y comenzó de nuevo. Eventualmente terminó molesto y disgustado y quería dejarlo todo.

Así que su padre y yo comenzamos a trabajar con él para que aprendiera a decir, "Ah, pues bien." Esto funcionó.

Después de eso cuando era tentado a dejar algo, nosotros decíamos: "Daniel", y él decía, "Ah, pues bien". Entonces regresaba a lo que estaba haciendo y lo terminaba.

Tenga equilibrio

> Sed templados, y velad.
>
> *1 Pedro 5:8*

A veces en situaciones difíciles nuestra ansiedad interviene en lo que debemos hacer. Todo lo que podemos hacer es hacer lo mejor y entonces confiar en Dios para el resto.

Funcionamos mejor cuando tenemos una mente calmada y bien equilibrada; cuando nuestra mente está calmada, sin temor, preocupación o tormento. Cuando nuestra mente está bien equilibrada, somos capaces de mirar la situación y decidir qué hacer o qué no hacer. Donde muchos de nosotros nos metemos en problemas es cuando nos salimos fuera de equilibrio. Entramos en un estado de pasividad total en que no hacemos nada, esperando que Dios haga todo por nosotros, o nos ponemos hiperactivos operando muchas veces en la carne. Dios quiere que nosotros seamos bien equilibrados para que nos confrontemos a cualquier situación de la vida y digamos: "Pues, creo que puedo con ciertas cosas de esta situación, pero no más".

Esto nos sucede a muchos durante la temporada de impuestos. Creemos que hemos pagado lo suficiente durante el año para satisfacer nuestra obligación de impuestos. Entonces descubrimos que todavía debemos dinero. El tiempo es corto y no encontramos cómo recaudar el dinero que el gobierno demanda.

En vez de turbarnos y llenarnos de temor y preocupación necesitamos ir delante de Dios y decir: "Bueno, Señor, estoy creyendo que tú me vas a ayudar en esta situación, ¿pero qué es lo que tú quieres que yo haga?".

Tal vez Dios nos muestre que debemos de tomar un trabajo a tiempo parcial por un tiempo para ganar lo que necesitamos para pagar nuestros impuestos. Él nos puede enseñar una manera para tomar prestado el dinero, con un plan de cómo pagarlo rápidamente. Lo que sea que el Señor nos muestre acerca de cómo resolver el problema, tenemos que ser lo suficientemente diligentes para hacerlo. Entonces tenemos que confiar en Él para el resultado.

A veces pensamos en qué debemos estar haciendo para resolver nuestros problemas y suplir nuestras necesidades. Pero si nos apresuramos sin buscar la dirección del Señor estaríamos actuando en la carne y todos nuestros esfuerzos serían en vano. A veces tenemos que tomar una determinación de descansar aunque nuestra mente nos grite: "¿Qué vamos a hacer?".

Tenemos que estar confiados en que el Dios a quien nosotros servimos no requiere que hagamos más de lo que sea posible. Al hacer todo lo que nos pertenece a nosotros podemos confiar en Dios para el resto. Eso es lo que yo llamo fe y equilibrio.

Un hombre de fe y equilibrio

> Por la fe Abraham, siendo llamado, obedeció para salir al lugar que había de recibir como herencia; y salió sin saber a dónde iba.
>
> *Hebreos 11:8*

Abraham era un hombre de fe y equilibrio. Piense un momento en su situación. En obediencia a su Señor, Abraham deja atrás su familia, sus amigos y su casa para disponerse a ir a una tierra desconocida.

Estoy segura que cada paso de su camino el diablo le gritaba en su oído: "¡Qué tonto! ¿Hacia dónde tú crees que vas? ¿Qué vas a hacer cuando llegue la noche? ¿Dónde vas a dormir? ¿Dónde vas a comer? ¿Abraham, qué estás haciendo acá fuera? ¿De todos modos, qué te hace pensar que esta idea es de Dios? ¿Conoces a otra persona a quien Dios le ha dicho que haga esto?".

No turbe su mente

> Pero él les dice: ¿Por qué estáis turbados,
> y vienen a vuestros corazones estos pen-
> samientos?
>
> *Lucas 24:38*

A pesar de lo que el diablo le gritaba, Abraham continuó. Aunque la Biblia nos dice que él no entendía hacia dónde iba, de tal manera que *no se turbó la mente* acerca de eso.

¡A veces turbamos nuestra propia mente! Algunos de nosotros nos gusta tanto preocuparnos que si el enemigo no nos da de qué preocuparnos vamos y rebuscamos algo nosotros mismos.

Pensemos en nuestra mente por un momento. ¿De qué debe estar preocupada nuestra mente? Debe de estar llena de alabanza, llena de la Palabra de Dios, llena de exhortación y edificación, llena de esperanza y fe.

Ahora vamos a tomar un inventario corto sobre los pensamientos que atraviesan nuestra mente durante el día. Es triste decirlo, pero muchos de nosotros tenemos que admitir que nuestra mente está llena de preocupación, apuros, temores, cálculos, manipulaciones, planes, teorías, dudas, ansiedades e incertidumbres.

Como resultado, algunas de las máquinas de fe en nuestra mente tienen telarañas en ellas. ¡Necesitamos aventar las telarañas y lubricar los motores de la fe con el aceite del Espíritu Santo, aunque resulte difícil reanudar su trabajo después de tantos años de desuso!

Como Abraham, necesitamos movernos en fe y hacer lo que podemos hacer. Debemos confiar en Dios y no turbar nuestra mente en el asunto. Necesitamos ejercitar nuestra fe y descansar.

No gaste su vida. Determine cuál es su responsabilidad y cúal no es. No trate de tomar la responsabilidad de Dios. Haga lo que pueda hacer, lo que

Él espera que haga y el resto déjeselo a Él. Cumpla su responsabilidad, pero eche fuera su ansiedad.

Conclusión

Salmo 91:2 conlleva un mensaje similar a eso del versículo 1 que examinamos anteriormente.

> El que habita al abrigo del altísimo morará bajo la sombra del Omnipotente.
> Diré yo a Jehová: Esperanza mía, y castillo mío; mi Dios, en quien confiaré.
>
> *Salmo 91:1, 2*

Nuestro refugio y fortaleza

Ambos versículos nos enseñan que no tenemos que estar preocupados, ansiosos o en temor, porque podemos poner nuestra fe en Dios y nuestra confianza en Él.

Pero el versículo 2 no únicamente nos dice que Dios es nuestro refugio, también dice que Él es nuestra fortaleza.

Un refugio es diferente a una fortaleza. Un refugio es un lugar secreto de escondite en que el enemigo no nos puede encontrar. Si estamos escondidos en Dios, Satanás no nos puede encontrar. Podemos ver lo que está sucediendo, pero el diablo no nos puede ver a nosotros. El no sabe dónde estamos puesto que estamos escondidos de su vista bajo la sombra del Omnipotente.

Por otro lado, una fortaleza, es un lugar visible de defensa. El enemigo conoce dónde estamos, pero no se nos puede acercar, porque para él estamos inaccesibles.

Podemos estar en el lugar de escondite donde podemos ver al enemigo, pero él no nos ve a nosotros o podemos estar en la fortaleza visible donde el enemigo claramente nos ve, pero no se puede acercar porque estamos rodeados por la protección de Dios.

El versículo 2 es tan importante como el versículo 1 porque las ricas promesas de este capítulo entero depende de si estas dos condiciones están siendo realizadas. "Sus ángeles mandará acerca de ti, que te guarden en todos tus caminos" (v. 11) si las condiciones del versículo 1 y 2 son establecidas, si somos obedientes a ellas.

Descansando en Él

> Habiendo oído de vuestra fe en Cristo
> Jesús [la inclinación de tu entera perso-
> nalidad humana en Él; en confianza y
> certeza absoluta en su poder, sabiduría y
> bondad], y del amor que tenéis a todos
> los santos.
>
> *Colosenses 1:4*

En el versículo 2 del Salmo 91, cuando el salmista dice: "Diré yo a Jehová", Él no simplemente se refiere al servicio únicamente de labios.
"Diciendo a Jehová" no significa memorizar escrituras y decirlas en voz alta. Para "decir a Jehová"
requiere que verdaderamente confiemos en Él,
que pongamos nuestra confianza totalmente en
Él, que descansemos en Él completamente.

De acuerdo a Colosenses 1:4 eso es verdaderamente lo que es la fe: el descansar la personalidad
entera en Dios en completa confianza y seguridad
en su poder, sabiduría, y bondad.

Algún tiempo atrás el Señor me enseñó cómo
nosotros descansamos en Él. Por nuestros temores
descansamos un poco en Él. Pero mantenemos
suficiente peso sobre nuestros pies de modo que si

Dios se mueve, nos mantendremos sobre nuestros propios pies.

Sabemos que no estamos verdaderamente reclinados sobre Dios porque nuestros pensamientos suenan algo así: "Sí, Señor confió en ti, pero si por casualidad no llegas a tiempo tengo un plan de alternativa en el cual puedo regresar de nuevo".

¡Esto no es confiar en Dios completamente y totalmente! Dios quiere que confiemos en Él sin reservas, sin planes ni pensamientos de fracaso.

¿Es el Señor verdaderamente tu refugio? ¿Es verdaderamente tu fortaleza? ¿Acaso descansas y te acuestas en Él y confías en Él? ¿O sencillamente le estás dando adoración de labios?

Si has comprobado el versículo 1 y 2 por ti mismo, el resto del Salmo 91 está lleno de maravillosas promesas para ti.

Él lo librará y lo cubrirá

> Él te librará del lazo del cazador, de la peste destructora. Con sus plumas te cubrirá, y debajo de sus alas estarás seguro; escudo y adarga es su verdad.
>
> *Salmo 91:3, 4*

La primera de estas promesas maravillosas y magníficas se encuentra en el versículo 3 y 4 que hablan de la liberación y protección de Dios.

Tanto el escudo como la adarga son formas de protección usadas durante el combate. Muchas veces el escudo era lo suficientemente grande como para cubrir el cuerpo entero de una persona, protegiéndolo de las flechas del enemigo. Algunos escudos eran redondos en vez de ser lisos y daban entonces más protección de las flechas que procedían del este o el oeste.[1]

La adarga, al contrario, era un escudo pequeño usado en el brazo o cargado en la mano. Se usaba más para combates de mano a mano y proveía protección alrededor mientras el luchador se viraba para luchar contra del enemigo.[2]

Esto es similar a la imagen que se encuentra en el Salmo 125:2 que dice: "Como las montañas están alrededor de Jerusalén, así también el Señor está alrededor de su pueblo…".

A pesar de la situación en la cual nosotros nos encontremos, Dios es por nosotros. Puede parecer sin esperanza, pero si el Señor está con nosotros, ¿quienes podrán en contra de nosotros? (Romanos 8:31).

El Señor está con nosotros pues nos ha prometido, "nunca te dejaré ni te desampararé"

(Hebreos 13:5) Él está debajo de nosotros puesto que la Biblia nos dice que nos sostiene con su promesa (Salmo 119:116). Él está sobre nosotros porque se nos dice en Salmo 91:4: "...Él te cubrirá con sus plumas, y bajo sus alas encontrarás confianza y refugio...".

Ahora enmarca este retrato firme en tu mente. Dios está alrededor de ti, Él está para ti. Él está contigo. Él está debajo de ti y Él está sobre ti. ¡El diablo es el único que está en contra de ti y mientras que tú estás morando en el lugar secreto del Altísimo, estable y fijo bajo la sombra del Omnipotente, el enemigo no te puede encontrar o llegar hacia ti!

Si todo esto es correcto, ¿Porqué vivir en temor?

No debe de tener temor

No temerás el terror nocturno, ni saeta (tramas malignas y calumnias de maldad) que vuele de día, ni pestilencia que ande en oscuridad, ni mortandad que en medio del día destruya. Caerán a tu lado mil, y diez mil a tu diestra; mas a ti no llegará. Ciertamente con tus ojos mirarás y verás la recompensa de los impíos. Porque has puesto a Jehová, que es mi esperanza, al Altísimo por tu habitación.

Salmo 91:5–9

Usted y yo necesitamos escondernos en Dios. Si podemos aprender cómo escondernos en ese lugar le daremos al enemigo un ataque nervioso. Seríamos capaces de sentarnos quietos y verlo tratar de allegarse a nosotros, pero no podrá puesto que estamos inaccesibles a Él.

Algunos años atrás, el Señor hizo una gran transición en mi vida. Durante ese tiempo, yo estaba salva y bautizada en el Espíritu Santo, pero todavía estaba luchando y teniendo muchos problemas. Entonces el Señor me comenzó a enseñar que en su presencia hay plenitud de gozo y que la única manera que yo iba a encontrar estabilidad en mi vida era morando en su presencia.

En ese punto de mi vida estaba cansada de los sube y baja, y deseaba estabilidad. No quería ser un descuido emocional. No quería ser controlada por mis circunstancias. No quería gastar el resto de mi vida gritándole al diablo. Quería seguir con mi vida y estar lista para recibir y gozar de todas las bendiciones que la Biblia decía eran para mí como hija de Dios.

Cuando llegué a ese punto, el Señor comenzó

a enseñarme acerca de habitar en su presencia. Por años comencé a estudiarlo todo acerca de eso comencé a aplicarlo a mi vida.

Ahora, años después, apenas puedo contar la transición qué ha habido en mi vida. Me he convertido en una persona alegre y estable. Eso no indica que nunca tengo problemas. No significa que nunca lucho. Pero sí significa que en medio de los problemas y las dificultades de la vida, yo puedo mantenerme en su presencia y mantenerme estable.

El Salmo 91 no es sencillamente una buena pieza de literatura inspiradora. Es verdad y puedo verificar sus verdades con mi propia vida.

Si solo aprendes a morar en el lugar secreto, entonces el enemigo no tendrá la mano puesta sobre ti. No tendrá más control sobre ti.

Cuando has hecho al Señor tu refugio y al Altísimo tu morada, puedes sentarte y velar el resultado del impío, pero ningún mal te sobrevendrá.

Ningún mal le sobrevendrá

No te sobrevendrá mal, ni plaga tocará tu morada. Pues a sus ángeles mandará [especialmente] acerca de ti, que te guarden en todos tus caminos. En las manos te llevarán, para que tu pie no tropiece en piedra.

Salmo 91:10–12

El texto original de este salmo nos relata tan claro que este ángel de protección está presente si estamos andando en obediencia y sirviendo a Dios.

Una de las mujeres que trabajó para mí estaba sentada en un bote un día. Estaba leyendo y confesando el versículo 10 acerca de que ninguna calamidad tocará su morada por el mando angelical de Dios sobre su vida. De momento el bote impactó una ola, ella se cayó y se golpeó la cabeza.

Entonces ella estaba atónita. No entendía cómo estando clamando y confesando un versículo de protección, podría ser herida. Cuándo le preguntó al Señor acera de esto, Él le dijo: "No estás muerta, ¿verdad?". Tal vez ella no lo pensó de esta manera. Sus ángeles sí la protegieron.

¿Cuántas veces usted cree, que tal vez, usted habría muerto si los ángeles de Dios no le hubiesen protegido? ¡Tal vez más veces de lo que quiera pensar!

No tenemos que murmurar por lo que no vemos a Dios hacer. Tenemos que darle gracias por lo que Él *está* haciendo.

Pisarás al enemigo

Sobre el león y el áspid pisarás; hollarás
al cachorro del león y al dragón.

Salmo 91:13

Lucas 10:19 es una referencia que se puede
cruzar con este versículo y nos explica más en
detalle qué representa el león, el áspid, la serpiente
y el escorpión: "He aquí os doy potestad de hollar
serpientes y escorpiones, y sobre toda fuerza del
enemigo y *nada* os dañará".

El león, el áspid, la serpiente, y el escorpión,
todos representan al enemigo. Dios nos ha dado
la autoridad de pisar y pararnos en ellos. La
autoridad, *exousia*, que Él nos ha dado es una
"autoridad delegada" de Jesús hacia nosotros. Si
deseamos usarlo, podemos atropellar al enemigo.
Este es nuestro lugar en Dios cuando asumimos
nuestra posición verdadera.

Porque le amamos

Por cuanto en mí ha puesto su amor,
yo también lo libraré; lo pondré en alto,
por cuanto ha conocido mi nombre.
Me invocará, y yo le responderé; con él

estaré yo en la angustia; lo libraré y le glorificaré.

Salmo 91:14, 15

Note que para recibir las bendiciones de Dios y su protección tenemos que tener un conocimiento personal de su nombre. No podemos depender de una relación con Dios a través de nuestros padres o amigos. Necesitamos tener una relación con Dios. Tenemos que ir al escondite, al lugar secreto y tomar tiempo ahí con el Señor.

Muchas veces lo único que pensamos es en la porción "líbrame" y decimos: "Líbrame, líbrame, líbrame". Pero la liberación es un proceso. Al tener problemas, primeramente, Dios estará *con* nosotros en la prueba. Él nos dará fuerzas y nos llevará a través de ella victoriosamente. *Entonces* Él nos librará y nos honrará.

Por muchos años, Dios *estuvo* conmigo en las pruebas y tribulaciones que yo atravesaba mientras estaba tratando de superar mi pasado. Pero cuando comenzó a *liberarme* entonces comenzó a honrarme.

Cuando tiene problemas, ¿corre hacia el teléfono o hacia el trono? Al principio parece ser difícil, pero tiene que llegar al punto en su vida que corra a Dios y no a la gente cuando esté en problemas de una decisión que tenga que hacer. No es necesario llamar a personas que no saben lo que ellos mismos están haciendo como para preguntarles lo que usted tiene que hacer.

Muchos de nosotros tenemos suficiente con tratar de manejar nuestras propias vidas sin tratar de dar consejo a otros.

Al contrario, aprenda a correr hacia Dios. Aprenda a correr a ese lugar secreto, esa morada, ese escondite. Aprenda a decir: "Señor, nadie me puede ayudar ahora, solo tú. Estoy totalmente dependiendo de ti".

Muchas veces Dios ungirá a otra persona para ayudarnos, pero si buscamos a otros primero, lo estamos insultando. Necesitamos aprender a *ir a Dios primero* y decir: "Señor, si vas a usar a una persona para ayudarme, tú vas a tener que escoger esa persona porque yo no quiero a cualquier persona tratando de decirme a mí lo que debo hacer. Yo quiero palabra de ti, o no quiero nada".

Con larga vida

Lo saciaré de larga vida, y le mostraré mi salvación.

Salmo 91:16

Algunas veces es fácil ver que ciertos pecados de la carne como el alcoholismo, las drogas, y la promiscuidad sexual, pueden llevarnos a la muerte. Pero tendemos a manipular suavemente los pecados como ansiedad, preocupación y racionalización. Los racionalizamos diciendo que verdaderamente estos no son pecados. Y verdaderamente lo son. Estos sí se mueven en nuestras vidas y nos llevan a una muerte prematura a través de ataques al corazón, úlceras, o alta presión de sangre.

Pero el plan de Dios es que estemos satisfechos con larga vida y que experimentemos las bellas y maravillosas promesas de este salmo.

Mientras camine por la calle de la vida, la próxima vez que sea atacado por el diablo, ponga en práctica el mandato del Salmo 91:1 y 2—habite bajo el abrigo del Altísimo y tras la sombra del Omnipotente, recostado sobre Él, haciendo de Él su refugio y fortaleza.

Siga las señales de tránsito

Pero después que haya resucitado, iré delante de vosotros á Galilea.

Marcos 14:28

Así que las señales de tránsito en su camino son: (1) confíe en Dios y no se preocupe; (2) no tema ni sea ansioso; (3) eche toda su ansiedad y evite razonamientos.

De manera que para no desviarse hacia la derecha o hacia la izquierda, guarde atención a estas señales. Y si se encuentra desviándose a un lado o hacia el otro, corríjase a si mismo de no involucrarse en un accidente o de caer en la cuneta.

En la jornada cristiana una de las razones mayores de desvío es la preocupación. En Juan 15:5, Jesús dijo: "...separados de mí nada podéis hacer". Medite en ese versículo y deje que la palabra *nada* arrebate su corazón. La preocupación no puede hacer *nada* para cambiar su situación. En contraste, la actitud de fe no conlleva preocupación ni agitación acerca del mañana; porque la fe entiende que dondequiera que tiene que ir, Jesús ya ha estado allí.

No es necesario comprender ni entender la razón por la cual todo está sucediendo en su vida; confíe que lo que tiene que saber, el Señor se lo revelará. Escoja desde antes estar satisfecho, conociéndole a Él que sabe y hace todas las cosas bien.

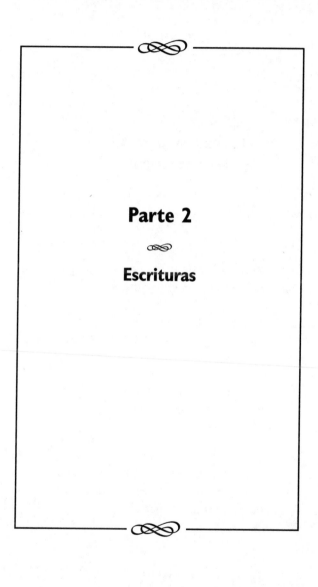

Parte 2

Escrituras

Escrituras para vencer
la preocupación

∞

Lea y confiese las siguientes Escrituras para vivir una vida libre de preocupación.

> La congoja en el corazón del hombre lo abate; mas la buena palabra lo alegra.
>
> *Proverbios 12:25*

> Todos los días del afligido son difíciles; mas el de corazón contento tiene un banquete continuo.
>
> *Proverbios 15:15*

> Tú guardarás en completa paz a aquel cuyo pensamiento en ti persevera; porque en ti ha confiado.
>
> *Isaías 26:3*

Por tanto os digo: No os afanéis por vuestra vida, qué habéis de comer, o que habéis de beber; ni por vuestro cuerpo, qué habéis de vestir. ¿No es la vida más que el alimento, y el cuerpo más que el vestido? Mirad las aves del cielo, que no siembran, ni siegan, ni recogen en graneros; y vuestro Padre celestial las alimenta. ¿No valéis vosotros mucho más que ellas?

Mateo 6:25, 26

No os afanéis, pues, diciendo: ¿Qué comeremos, o qué beberemos, o qué vestiremos?

Mateo 6:31

Así que, no os afanéis por el día de mañana; porque el día de mañana traerá su afán. Basta a cada día su propio mal.

Mateo 6:34

Pero los afanes de este siglo, y el engaño de las riquezas, y las codicias de otras cosas, entran y ahogan la palabra, y se hace infructuosa.

Marcos 4:19

La paz os dejo, mi paz os doy; yo no os la doy como el mundo la da. No se turbe vuestro corazón, ni tenga miedo.

Juan 14:27

Quisiera, pues, que estuvieseis sin congoja.

1 Corintios 7:32

Por nada estéis afanosos; sino sean conocidas vuestras peticiones delante de Dios en toda oración y ruego, con acción de gracias. Y la paz de Dios, que sobrepasa todo entendimiento, guardará vuestros corazones y vuestros pensamientos en Cristo Jesús.

Filipenses 4:6, 7

Por lo demás, hermanos, todo lo que es verdadero, todo lo honesto, todo lo justo, todo lo puro, todo lo amable, todo lo que es de buen nombre; si hay virtud alguna, si algo digno de alabanza, en esto pensad.

Filipenses 4:8

Echando toda vuestra ansiedad sobre él,
porque él tiene cuidado de vosotros.

1 Pedro 5:7

Oración para combatir
la preocupación

Padre,

Ayúdame a no estar preocupado. Entiendo que la preocupación no me hace bien, sino que en realidad, hace que mi situación se ponga peor. Ayúdame a mantener mi mente en cosas buenas que sean de beneficio para mí y para tu Reino.

Señor, estoy agradecido de que me estás cuidando. Tú tienes un buen plan para mi vida. Voy a comenzar a tomar los pasos que tú me has enseñado para comenzar a trazar ese plan. Pongo mi confianza en ti y en tu Palabra. Echo toda mi ansiedad sobre ti porque yo sé que tú cuidas de mí.

En el nombre de Jesús. Amén.

Oración para recibir una relación personal con el Señor

∞

Más que nada, Jesús quiere salvarle y llenarle con Su Espíritu Santo. Si nunca ha invitado a Jesús, Príncipe de paz, a que sea su Señor y Salvador, lo invito a que lo haga ahora mismo. Haga la siguiente oración, y si es sincero, va a experimentar una vida nueva en Cristo.

Padre,

Tú amaste al mundo tanto que enviaste a tu Hijo unigénito para que muriera por nuestros pecados, para que todo aquel que en Él cree no se pierda, mas tenga vida eterna. Tu Palabra dice que somos salvos por gracia a través de la fe y esa gracia es un regalo tuyo. No hay nada que podamos hacer para ganarnos la salvación. Creo y confieso con mi boca que Jesucristo es tu Hijo, el Salvador del mundo. Creo que Él murió en la cruz por mí y cargó todos mis pecados, pagando el precio por ellos. Creo en mi corazón que tú resucitaste a Jesús de entre los muertos.

Te pido que perdones mis pecados. De acuerdo con tu Palabra, soy salvo y ¡voy a pasar la eternidad contigo! Gracias, Padre, estoy agradecido. En el nombre de Jesús. Amén.

Vea Juan 3:16; Efesios 2:8, 9; Romanos 10:9, 10; 1 Corintios 15:3, 4; 1 Juan 1:9; 4:14–16; 5:1, 12, 13.

Notas finales

Conclusión

1. Merrill F. Unger, *Unger's Bible Dictionary* (Chicago: Moody Press, 1966), p. 89.

2. Unger, p.90.

Sobre la autora

Joyce Meyer ha venido enseñando la Palabra de Dios desde 1976 y en ministerio a tiempo completo desde 1980. Como pastora asociada en la iglesia Life Christian Center en St. Louis, Missouri, desarrollaba, coordinaba y enseñaba una reunión semanal conocida como "Vida en la Palabra". Después de más de cinco años, el Señor lo terminó, guiándola a establecer su propio ministerio y llamarlo "Vida en la Palabra, Inc.", hoy día se llama "Disfrutando la vida diaria".

"Disfrutando la vida diaria" se transmite por radio, televisión e Internet a través del mundo. Sus materiales de enseñanza son disfrutados por muchos a nivel internacional. Viaja extensamente dando conferencias. Joyce y su esposo, Dave, administrador de Disfrutando la vida diaria, han estado casados por más de 40 años y tienen cuatro hijos. Los cuatro están casados y tanto ellos como sus cónyuges trabajan junto a Dave y Joyce en el ministerio. Joyce y Dave residen en St. Louis, Missouri.

Joyce cree que el llamado de su vida es establecer creyentes en la Palabra de Dios. Dice: "Jesús murió para liberar a los cautivos, y demasiados cristianos llevan vidas mediocres o derrotadas". Habiéndose encontrado en la misma situación hace muchos años, y habiendo encontrado la liberación para vivir en victoria mediante la aplicación de la Palabra de Dios, Joyce anda equipada para liberar a los cautivos y para cambiar cenizas por belleza. Joyce cree que cada persona que camina en victoria sirve de ejemplo para que otros puedan hacer lo mismo. Joyce lleva una vida transparente; sus enseñanzas son prácticas y pueden ser aplicadas a la vida diaria.

Joyce ha enseñado acerca de la sanidad emocional y temas relacionados en reuniones por todo el mundo, ayudando a miles. Ha grabado cientos de enseñanzas y es autora de más de 80 libros que ayudan al Cuerpo de Cristo en diversos tópicos. Muchos de sus libros son éxitos de ventas del *New York Times*.

Su "Paquete de sanidad emocional" (disponible

en inglés) contiene más de 23 horas de enseñanza sobre el tema. Los álbumes incluidos en este paquete son: "Confianza"; "Belleza por cenizas"; "Controlando sus emociones"; "Amargura, resentimiento y falta de perdón"; "Raiz de rechazo"; y una grabación de 90 minutos con Escritura y música, titulada "Sanando a los acongojados". El "Paquete mental" (disponible en inglés) de Joyce tiene cinco diferentes series sobre el tema de la mente.

Para localizar a la autora:

Joyce Meyer Ministries
P.O. Box 655
Fenton, Missouri 63026
Tel: (636) 349-0303
www.joycemeyer.org

En Canadá:
Joyce Meyer Ministries
Canada, Inc.
P.O. Box 7700
Vancouver, BC V6B 4E2
Canada
Tel: 1-800-868-1002

En Australia:
Joyce Meyer Ministries-
Australia
Locked Bag 77
Mansfield Delivery Centre
Queensland 4122
Tel: (07)3349-1200

En Inglaterra:
Joyce Meyer Ministries
P.O. Box 1549
Windsor
SL4 1GT
Tel: +44(0)1753-831102

En Sudáfrica:
Joyce Meyer Ministries
P.O. Box 5
Cape Town 8000
South Africa
(27) 21-701-1056

Los mensajes de Joyce se pueden ver en una
variedad de idiomas en: tv.joycemeyer.org.

Por favor, cuando escriba, incluya su testimonio
o ayuda recibida como resultado de leer este
libro. Su solicitud de oración es bienvenida.

Otros títulos en esta serie: